CW00385070

Chère Ijeawele,
ou un manifeste
pour une éducation
féministe

Chimamanda Ngozi Adichie

Chère Ijeawele, ou un manifeste pour une éducation féministe

Traduit de l'anglais (Nigeria) par Marguerite Capelle

nrf

Gallimard

Titre original :

DEAR IJEAWELE, OR A FEMINIST MANIFESTO
IN FIFTEEN SUGGESTIONS

© 2017, Chimamanda Ngozi Adichie.
© Éditions Gallimard, 2017, pour la traduction française.

Pour Uju Egonu.
Et pour ma petite sœur, Ogechukwu Ikemelu.
Avec tout mon amour.

INTRODUCTION

Lorsqu'il y a quelques années de cela une de mes amies d'enfance, devenue entre-temps une femme brillante, bienveillante et forte, m'a demandé comment donner une éducation féministe à sa petite fille, la première chose que je me suis dite, c'est que je n'en avais aucune idée.

La tâche semblait bien trop immense.

Mais je m'étais exprimée en public au sujet du féminisme, et peut-être en avait-elle déduit que j'étais une experte en la matière. Au fil des années, j'avais également eu de nombreuses occasions d'aider des proches à s'occuper de leurs bébés ; j'avais travaillé comme baby-sitter et contribué à élever mes neveux et nièces. J'avais beaucoup observé et écouté, et surtout, j'avais réfléchi.

En réponse à la sollicitation de mon amie, j'ai décidé de lui écrire une lettre que je souhaitais sincère et pragmatique, tout en me permettant aussi de structurer, en quelque sorte, ma propre pensée féministe. Ce livre est une version de cette lettre, légèrement remaniée.

Maintenant que je suis moi aussi mère d'une délicieuse petite fille, je réalise à quel point il est facile de donner des conseils sur la façon d'éduquer un enfant quand on n'est pas réellement confrontée soi-même à l'immense complexité de cette tâche.

Pourtant, je suis convaincue de l'urgence morale qu'il y a à nous atteler à imaginer ensemble une éducation différente pour nos enfants, pour tenter de créer un monde plus juste à l'égard des femmes et des hommes.

Mon amie m'a écrit en réponse qu'elle « essaierait » de suivre mes suggestions.

Et en relisant celles-ci en tant que mère, je suis bien décidée moi aussi à essayer.

Chère Ijeawele,

Quel bonheur. Et quels prénoms adorables : Chizalum Adaora. Elle est si belle. À peine un jour, et elle semble déjà curieuse du monde. C'est magnifique ce que tu as fait là, mettre un être humain au monde. T'adresser mes « félicitations » paraît bien peu de choses.

Ton petit mot m'a fait pleurer. Tu sais comme je peux me montrer bêtement émotive, parfois. Je veux que tu saches que je prends très au sérieux ta sollicitation : comment lui donner une éducation féministe ? Et je comprends ce que tu veux dire quand tu expliques ne pas toujours savoir comment réagir en féministe à telle ou telle situation. Pour moi, le féminisme est toujours affaire de contexte.

Je n'ai pas de règles gravées dans le marbre. Ce que j'ai de plus proche d'une recette, ce sont mes deux «outils féministes», et c'est ce que je te propose en guise de point de départ.

Le premier outil, c'est ton postulat de base, la conviction ferme et inébranlable sur laquelle tu te fondes. Quel est ce postulat? Voici ce qui devrait être ton postulat féministe de base: je compte. Je compte autant. Pas «à condition que». Pas «tant que». Je compte autant. Un point c'est tout.

Le second outil est une question : peut-on inverser une proposition X et obtenir le même résultat? Prenons un exemple : beaucoup de gens pensent que, pour une femme, réagir de façon féministe à l'infidélité de son mari implique de le quitter. Pourtant, selon moi, rester peut également être un choix féministe, en fonction du contexte. Admettons que Chudi couche avec une autre femme et que tu lui pardonnes, serait-ce la même chose si c'était toi qui couchais avec un autre homme? Si la réponse est oui, alors ta décision de lui pardonner peut être un choix féministe, parce qu'il n'est pas déterminé par une inégalité de genre. Malheureusement, dans la plupart des mariages, la réalité est que la réponse sera bien souvent non, et ce pour une raison fondée sur le genre — cette idée absurde selon laquelle « les hommes sont ainsi » (ce qui signifie que l'on exige bien moins des hommes).

J'ai quelques suggestions sur la façon d'éduquer Chizalum. Garde cependant à l'esprit que quand bien même tu ferais tout ce que je te conseille, ce qu'elle deviendra n'aura peut-être rien à voir avec tes attentes, tout simplement parce que parfois la vie est ainsi faite. Le plus important c'est d'essayer. Et fie-toi toujours et avant tout à ton instinct, car l'amour que tu portes à ton enfant sera ton meilleur guide.

Voici mes suggestions :

✍

PREMIÈRE SUGGESTION

Sois une personne pleine et entière. La maternité est un magnifique cadeau, mais ne te définis pas uniquement par le fait d'être mère. Sois une personne pleine et entière. Ce sera bon pour ton enfant. L'Américaine Marlene Sanders, pionnière du journalisme et première femme à couvrir la guerre au Vietnam (et qui avait elle-même un petit garçon), a un jour donné ce conseil à une consœur plus jeune : « Ne vous excusez jamais de travailler. Vous aimez ce que vous faites, et aimer ce que vous faites est un merveilleux cadeau à offrir à votre enfant. »

Je trouve ce conseil extrêmement sage et émouvant. Tu n'es même pas obligée d'aimer ton travail ; tu peux te contenter d'apprécier ce que t'apporte ton travail : la confiance, le sentiment d'accomplissement que tu acquiers en étant active, en gagnant ta vie.

Je ne suis pas surprise que ta belle-sœur affirme que tu devrais être une mère « traditionnelle » et rester à la maison, que Chudi a les moyens d'entretenir une famille sans « double revenu ». Les gens utilisent la « tradition » comme cela les arrange, pour justifier tout et n'importe quoi. Réponds-lui que la véritable tradition igbo, ce sont les familles à double revenu parce que, avant la colonisation britannique, non seulement les femmes cultivaient la terre et faisaient du commerce, mais le commerce était même une activité exclusivement féminine dans certaines régions du pays igbo. Elle le saurait, si elle lisait des livres de temps en temps. Bon d'accord, cette pique, c'était pour te faire sourire. Je sais que cela t'agace (et tu as raison), mais il vaut vraiment mieux que tu l'ignores. Tout le monde aura une opinion sur ce que tu dois faire, mais ce qui compte c'est ce que toi tu veux pour toi, et non ce que les autres voudraient que tu veuilles. Refuse, je t'en prie, l'idée selon laquelle la maternité et le travail seraient incompatibles.

Nous avons grandi avec des mères qui travaillaient à plein temps, et nous nous en sommes très bien sorties — toi en tout cas, car en ce qui me concerne le jury n'a pas encore rendu son verdict.

Pendant ces toutes premières semaines de maternité, ne sois pas trop dure avec toi-même. Demande de l'aide. Compte sur cette aide. Superwoman n'existe pas. La parentalité est une question de pratique — et d'amour. (Même si je regrette qu'on ait ainsi forgé un concept à partir du mot «parent», ce qui à mon sens est la cause de ce phénomène si répandu dans la classe moyenne de la «parentalité» vue comme un chemin de croix interminable, et pavé de culpabilité et d'angoisse.)

Accorde-toi le droit d'échouer. Une jeune mère ne sait pas forcément comment calmer un bébé qui pleure. Ne pars pas du principe que tu devrais tout savoir. Lis des livres, cherche sur Internet, demande à des parents plus expérimentés, ou essaie tout simplement en tâtonnant. Mais surtout, ne perds jamais de vue le fait de rester une personne pleine et entière. Accorde-toi du temps pour toi. Satisfais tes propres besoins.

Ne crois pas pour autant qu'il s'agit là de « tout gérer de front ». Notre culture glorifie les femmes capables de « tout gérer », mais ne remet jamais en cause le postulat sous-jacent à de telles louanges. Débattre de la capacité des femmes à « tout gérer » ne m'intéresse absolument pas, car c'est un débat qui suppose que l'éducation des enfants et les tâches domestiques sont des domaines exclusivement féminins, idée à laquelle je suis résolument opposée. Les tâches domestiques et l'éducation des enfants devraient appartenir également aux deux sexes, et nous devrions nous demander non pas si une femme est capable de « tout gérer de front », mais comment aider au mieux les parents à assumer leur double responsabilité, au travail et à la maison.

❦

DEUXIÈME SUGGESTION

Faites les choses ensemble. Tu te souviens qu'à l'école primaire nous avons appris qu'un verbe est un mot d'«action»? Eh bien, un père est un verbe autant qu'une mère. Chudi devrait faire tout ce que la biologie lui autorise (c'est-à-dire tout sauf allaiter). Parfois, les mères sont si conditionnées à être tout à la fois, à tout faire à la fois, qu'elles contribuent elles-mêmes à diminuer le rôle des pères. Tu trouveras peut-être que Chudi ne lui donne pas son bain exactement comme tu le voudrais, qu'il ne lui essuie pas les fesses aussi parfaitement que tu le ferais. Et alors? Que peut-il arriver, au pire? Son père ne va pas la tuer. Sérieusement. Il l'aime. C'est une bonne chose pour elle que son père s'occupe d'elle. Alors laisse-le faire, refrène ton perfectionnisme, fais taire ton sens socialement conditionné du devoir. Occupez-vous de votre enfant à parts égales. Ce que signifie «à parts égales» dépendra bien sûr de vous deux, et vous devrez vous entendre là-dessus, en prêtant une attention égale aux besoins de chacun.

Cela n'implique pas forcément de partager littéralement à cinquante-cinquante, ni même de tenir des comptes au quotidien, mais si les tâches liées à l'éducation de l'enfant sont équitablement réparties, tu le sauras. Tu le sauras parce que tu n'auras pas la moindre rancœur. Parce que quand l'égalité est réelle, la rancœur n'existe pas.

Et, je t'en prie, bannis le vocabulaire de l'aide. Chudi ne t'«aide» pas quand il s'occupe de son enfant. Il fait ce qu'il est censé faire. Quand nous disons que les pères «aident», nous suggérons que s'occuper des enfants est un territoire appartenant aux mères, dans lequel les pères s'aventurent vaillamment. Ce n'est pas le cas. Tu imagines le nombre de personnes qui seraient aujourd'hui plus heureuses, plus stables, et qui contribueraient bien mieux à la société si seulement leur père avait participé activement à leur enfance ? Et ne dis jamais que Chudi fait du «baby-sitting» ; les gens qui font du baby-sitting sont des gens qui ne sont pas, au départ, responsables du bébé.

Chudi ne mérite nulle louange ou gratitude particulières, et toi non plus d'ailleurs : vous avez tous
les deux choisi de mettre un enfant au monde, et
la responsabilité de cet enfant vous appartient à
tous les deux à parts égales. Ce serait différent si tu
étais mère célibataire, que ce soit par choix ou par
la force des choses, parce que tu n'aurais pas alors la
possibilité de «faire les choses ensemble». Mais tu
ne devrais pas agir en «mère célibataire» si tu n'en
es pas réellement une.

Mon ami Nwabu m'a dit un jour que, parce que
sa femme était partie alors que ses enfants étaient
petits, il était devenu « M. Maman », ce qui dans sa
bouche signifiait qu'il s'occupait d'eux au quotidien.
Pourtant cela ne faisait pas de lui un « M. Maman »,
mais simplement un papa.

એજ

TROISIÈME SUGGESTION

Apprends-lui que les «rôles de genre» n'ont absolument aucun sens. Ne t'avise jamais de lui dire qu'elle devrait ou ne devrait pas faire quelque chose « parce que tu es une fille ».

« Parce que tu es une fille » ne sera jamais une bonne raison pour quoi que ce soit. Jamais.

Je me souviens que, petite, on me disait de « me baisser comme il faut pour balayer, comme une fille ». Ce qui signifiait que balayer était un truc de fille. J'aurais préféré qu'on me dise simplement : « Baisse-toi et balaie comme il faut, parce que le sol sera plus propre ainsi. » Et j'aurais préféré qu'on dise la même chose à mes frères.

Il y a eu récemment des débats sur les réseaux sociaux nigérians au sujet des femmes et de la cuisine, notamment sur la façon dont une épouse doit cuisiner pour son mari. C'est drôle — de cette façon dont les choses désespérantes sont drôles — qu'en 2016 on parle encore de cuisine comme d'une sorte de « test de mariabilité » pour les femmes.

Savoir cuisiner n'est pas une compétence préinstallée dans le vagin. Cuisiner s'apprend. Cuisiner — de même que les tâches domestiques en général — est une compétence de base qu'idéalement les hommes comme les femmes devraient avoir. C'est également une compétence qui se refuse parfois aux hommes comme aux femmes.

Nous devons aussi remettre en cause l'idée du mariage comme récompense pour les femmes, parce que c'est cela, le fondement de ces débats absurdes. Si nous cessions de conditionner les femmes de façon à ce qu'elles voient le mariage comme une récompense, nous aurions moins besoin de débattre du fait qu'une épouse doive savoir cuisiner pour mériter cette récompense.

Je trouve fascinant de constater à quel point le monde commence tôt à inventer les rôles de genre. Hier, je suis allée dans une boutique pour enfants acheter des vêtements à Chizalum. Le rayon fille était plein de merveilles aux teintes pâles, dans des tons rose fadasse. Ça ne me plaisait pas. Au rayon garçon, il y avait des ensembles dans des tons bleu vif. Parce que je suis persuadée que le bleu sera du plus bel effet sur sa peau brune (et rendra mieux sur les photos), j'en ai pris un comme ça. À la caisse, l'employée m'a dit que j'avais choisi le cadeau parfait pour un petit garçon. J'ai répondu que c'était pour une petite fille. Elle a eu l'air horrifiée. «Du bleu pour une fille?»

Je ne peux pas m'empêcher de m'interroger au sujet du petit génie du marketing qui a inventé cette distinction binaire entre rose et bleu. Il y avait aussi un rayon «unisexe», avec toute une gamme de gris blafards. Le concept d'«unisexe» est idiot, puisqu'il se fonde sur l'idée que le masculin est bleu, que le féminin est rose et qu'unisexe est une catégorie à part. Pourquoi ne pas simplement ranger les vêtements pour bébés par taille et les présenter dans tous les coloris? Les nourrissons, garçons ou filles, ont tous des corps semblables en fin de compte.

J'ai jeté un coup d'œil au rayon jouet, également organisé selon les sexes. Les jouets pour garçons sont pour la plupart actifs, et proposent d'une façon ou d'une autre de «faire» quelque chose (trains, voitures), tandis que les jouets pour filles sont principalement «passifs», et sont dans leur écrasante majorité des poupées. J'ai été frappée de voir à quel point notre culture commence tôt à façonner nos représentations de ce qu'un garçon doit être et de ce qu'une fille doit être. J'aurais préféré que les jouets soient rangés par catégories plutôt que par genre.

T'ai-je déjà raconté la fois où je suis allée dans un centre commercial aux États-Unis avec une petite fille nigériane de sept ans et sa mère? Elle a vu un hélicoptère miniature, un de ces trucs qui volent avec une télécommande sans fil et, totalement fascinée, a demandé à en avoir un. «Non, a dit sa mère. Tu as tes poupées.» Et la petite a répondu : «Maman, je ne vais pouvoir jouer qu'avec des poupées, alors?»

Je n'ai jamais oublié cette scène. Sa mère voulait bien faire, c'est évident. Elle avait une idée bien précise de ce qu'étaient les rôles de genre : les filles jouent à la poupée et les garçons aux petites voitures. Je me demande à présent, avec mélancolie, si la petite fille serait devenue une ingénieure révolutionnaire si on lui avait laissé une chance de découvrir cet hélicoptère.

En refusant d'imposer le carcan des rôles de genre aux jeunes enfants, nous leur laissons la latitude nécessaire pour se réaliser pleinement. Considère Chizalum comme une personne. Pas comme une fille qui devrait se comporter comme ci ou comme ça. Apprécie ses points forts ou ses faiblesses en tant qu'individu. Ne la compare pas à ce qu'une fille devrait être. Compare-la à ce qu'elle devrait être en donnant le meilleur d'elle-même.

Une jeune femme nigériane m'a raconté un jour qu'elle s'était comportée pendant des années «comme un garçon» — elle aimait le football et les robes l'ennuyaient — jusqu'à ce que sa mère l'oblige à renoncer à ses passe-temps de «garçon manqué». Elle lui est aujourd'hui reconnaissante de l'avoir aidée à adopter un comportement de fille. Cette histoire m'a fait de la peine. Je me suis demandé quelles parts d'elle-même elle avait dû réprimer et réduire au silence, et je me suis demandé ce qu'y avait perdu son âme, parce que ce qu'elle appelait « se comporter comme un garçon », c'était tout simplement se comporter comme la personne qu'elle était.

Une autre connaissance, une Américaine qui vit dans le nord-ouest, sur la côte Pacifique, m'a dit un jour qu'en emmenant son fils d'un an dans une garderie où les mères venaient avec leurs bébés, elle avait remarqué que celles qui avaient des petites filles avaient tendance à beaucoup les retenir, leur disant tout le temps « ne touche pas » ou « sois gentille, arrête ». En revanche, elle constatait que les bébés garçons étaient davantage encouragés à explorer, qu'on les retenait moins, et qu'on ne leur disait presque jamais d'« être gentil ». Selon sa théorie, inconsciemment, les parents commencent très tôt à enseigner aux filles comment se tenir, on donne moins de latitude et plus de règles aux bébés filles, et plus de latitude et moins de règles aux bébés garçons.

Nous sommes si profondément conditionnés aux rôles de genre que nous leur obéissons souvent même quand ils contrarient nos désirs véritables, nos besoins, notre bien-être. C'est très difficile de les désapprendre, et c'est pour ça qu'il importe de faire en sorte que Chizalum les refuse dès le départ. Au lieu de la laisser intérioriser l'idée des rôles de genre, apprends-lui l'autonomie. Dis-lui que c'est important de pouvoir faire les choses par elle-même, de savoir se débrouiller seule. Apprends-lui à essayer de réparer les objets quand ils se cassent. Nous avons tendance à juger trop vite que les filles ne peuvent pas faire plein de choses. Laisse-la essayer. Peut-être n'y arrivera-t-elle pas toujours, mais laisse-la essayer. Achète-lui des jouets tels que des briques et des trains (et des poupées aussi, si tu en as envie).

✑

QUATRIÈME SUGGESTION

Méfie-toi des pièges de ce que j'appelle le féminisme *light*. C'est l'idée selon laquelle il y aurait des conditions à l'égalité entre hommes et femmes. Refuse cela en bloc, je t'en prie. C'est une idée vaine, lénifiante et vouée à l'échec. Être féministe, c'est comme être enceinte. Tu l'es ou tu ne l'es pas. Tu crois à l'égalité pleine et entière entre les hommes et les femmes ou tu n'y crois pas.

Le féminisme *light* a recours à des analogies ineptes comme : « Il est la tête et tu es le cou. » Ou encore : « C'est lui qui conduit mais c'est toi qui es assise à l'avant. » Plus grave encore, dans le féminisme *light* il y a l'idée que les hommes sont naturellement supérieurs, mais qu'on doit attendre d'eux qu'ils « traitent bien les femmes ». Non. Trois fois non. Le bien-être des femmes ne doit jamais dépendre de la bienveillance des hommes.

Le féminisme *light* utilise le vocabulaire de la « permission ». Theresa May est Première ministre du Royaume-Uni, et voici comment un journal britannique progressiste présentait son mari : « Philip May est connu dans le monde politique comme un homme qui s'est mis en retrait pour permettre à sa femme, Theresa, de briller. »

Permettre.

Maintenant, essayons d'inverser la proposition. Theresa May a permis à son mari de briller. Est-ce que cela fonctionne ? Si Philip May était Premier ministre, on nous dirait peut-être que sa femme l'a « soutenu » en coulisses, ou qu'elle a été « derrière » lui, mais jamais qu'elle lui a « permis » de briller.

Permettre est un terme problématique. Permettre renvoie au pouvoir. Tu entendras souvent les membres de la section nigériane de la Société du féminisme *light* dire : « Laissez cette femme faire ce qu'elle veut, tant que son mari le lui permet. » Un mari n'est pas un directeur d'école. Une épouse n'est pas une écolière. Les expressions « permettre » et « autoriser à », quand on les utilise ainsi de façon unilatérale (et on ne les utilise pratiquement que comme ça), ne devraient jamais appartenir au vocabulaire d'un mariage égalitaire.

Voici un autre exemple flagrant du féminisme *light*, les hommes qui disent : « Bien sûr que ce n'est pas toujours à la femme de s'occuper des tâches domestiques, je m'en suis chargé quand mon épouse était en déplacement. »

Te souviens-tu de cette fois où nous avons tellement ri devant un papier sur moi particulièrement mal écrit, il y a quelques années ? L'auteur m'avait accusée d'être « en colère », comme si « être en colère » était quelque chose dont il fallait avoir honte. Bien sûr que je suis en colère. Le racisme me met en colère. Le sexisme me met en colère. Mais j'ai récemment pris conscience que le sexisme me met plus en colère encore que le racisme.

Parce que dans ma colère contre le sexisme, je me sens souvent seule. Parce que nombre de gens que j'aime et de personnes qui m'entourent reconnaissent facilement l'existence d'injustices raciales, mais pas celle d'injustices de genre.

Tu n'imagines même pas le nombre de fois où des personnes auxquelles je tiens (hommes comme femmes) m'ont demandé de faire la démonstration du sexisme, de «prouver» en quelque sorte son existence, alors qu'elles n'auraient jamais exigé la même chose s'agissant du racisme (bien évidemment, trop de gens à travers le monde doivent encore «prouver» l'existence du racisme, mais pas dans mon entourage immédiat). Tu n'imagines même pas le nombre de fois où des personnes auxquelles je tiens ont nié ou minimisé des exemples de situations sexistes.

Ainsi Ikenga, lui toujours si prompt à réfuter l'idée que quoi que ce soit puisse être misogyne, lui qui n'a jamais envie d'écouter ou de s'intéresser, lui qui est toujours si avide d'expliquer qu'en réalité ce sont les femmes qui sont des privilégiées. Il a dit un jour : «À la maison, même si en théorie c'est mon père le chef, en fait c'est ma mère qui commande en coulisses.» Il pensait ainsi démontrer que le sexisme n'existe pas, mais en réalité il abondait dans mon sens. Pourquoi «en coulisses»? Quand une femme a du pouvoir, pourquoi avons-nous toujours besoin de déguiser le fait qu'elle ait du pouvoir ?

Voici pourtant la regrettable vérité : notre monde est plein d'hommes et de femmes qui n'aiment pas les femmes qui ont du pouvoir. Nous avons été tellement conditionnés à considérer le pouvoir comme masculin qu'une femme puissante est une aberration. Il faut donc l'avoir à l'œil. Une femme de pouvoir suscite des interrogations : est-elle modeste ? Sourit-elle ? Est-elle suffisamment reconnaissante ? A-t-elle par ailleurs des qualités domestiques ? Toutes sortes de questions que nous ne nous posons pas au sujet des hommes de pouvoir, démontrant ainsi que ce qui nous met mal à l'aise n'est pas le pouvoir en tant que tel, mais bien les femmes. Nous jugeons les femmes de pouvoir plus durement que nous ne jugeons les hommes de pouvoir. Et le féminisme *light* permet cela.

ↄ

CINQUIÈME SUGGESTION

Apprends à lire à Chizalum. Apprends-lui à aimer les livres. Le mieux est encore de lui montrer simplement l'exemple au quotidien. Si elle te voit lire, elle comprendra que c'est une bonne chose. Même si elle devait ne pas aller à l'école et se contenter de lire des livres, elle en saurait sûrement davantage qu'un enfant éduqué de façon conventionnelle. Les livres l'aideront à comprendre et à questionner le monde, ils l'aideront à s'exprimer, et ils l'aideront dans tout ce qu'elle voudra devenir plus tard : qu'elle soit cheffe, scientifique ou chanteuse, les compétences apportées par la lecture seront utiles dans tous les cas. Je ne parle pas de livres scolaires. Je parle de livres qui n'ont rien à voir avec l'école, d'autobiographies, de romans et de livres historiques. Si rien d'autre ne marche, paie-la pour lire. Récompense-la. Je connais une femme nigériane remarquable, Angela, une mère célibataire qui a élevé son enfant aux États-Unis. Sa fille rechignait à se mettre à la lecture, alors elle a décidé de la payer 5 cents la page. Une entreprise onéreuse, plaisantait-elle plus tard, mais un investissement rentable.

&

SIXIÈME SUGGESTION

Apprends-lui à questionner les mots. Les mots sont le réceptacle de nos préjugés, de nos croyances et de nos présupposés. Mais pour lui enseigner cela, tu devras toi-même questionner ton propre langage. Une de mes amies affirme par exemple qu'elle n'appellera jamais sa fille « princesse ». Les gens utilisent ce surnom avec d'excellentes intentions, mais le mot « princesse » est chargé de présupposés sur la délicatesse de la petite, sur le prince qui viendra la sauver, etc. Mon amie préfère appeler sa fille « mon ange » ou « mon étoile ».

Décide donc toi-même des choses que tu ne diras pas à ton enfant. Parce que ce que tu lui dis compte. C'est ce qui lui enseigne la valeur qu'elle doit attacher aux choses. Tu connais cette plaisanterie igbo, qu'on utilise pour taquiner les filles qui se montrent trop puériles : « Enfin voyons ! Tu es pourtant assez grande pour te trouver un mari ! » Je disais souvent ça. Mais j'ai choisi désormais de ne plus le faire. Je dis : « Tu es assez grande pour te trouver un boulot. » Parce que je ne crois pas que le mariage soit quelque chose que l'on doit apprendre aux jeunes filles à désirer.

Essaie de ne pas employer trop souvent des mots comme « misogynie » ou « patriarcat » avec Chizalum. Nous les féministes, nous utilisons parfois trop de jargon, et ce jargon peut sembler trop abstrait. Ne te contente pas de cataloguer quelque chose comme misogyne, dis-lui pourquoi c'est le cas, et dis-lui ce qu'il faudrait faire pour que ça ne le soit pas.

Apprends-lui que si l'on critique X chez les femmes mais pas chez les hommes, alors c'est que l'on n'a pas de problème avec X, mais que l'on a un problème avec les femmes. Remplace X par des mots comme :

«colère», «ambition», «grande gueule», «entête-
ment», «froideur», «cruauté».

Apprends-lui à poser des questions comme celle-ci :
quelles sont les choses que les femmes ne peuvent
pas faire parce que ce sont des femmes ? Ces choses
possèdent-elles un certain prestige dans notre
culture ? Si c'est le cas, pourquoi seuls les hommes
peuvent-ils faire ce qui a du prestige ?

Prendre des exemples tirés du quotidien peut aider,
me semble-t-il.
Tu te souviens de cette publicité à la télé qui passait à
Lagos, dans laquelle un homme cuisine et sa femme
l'applaudit ? Le vrai progrès, ce sera quand elle ne
l'applaudira pas lui, mais se contentera de réagir au
plat en tant que tel : elle peut complimenter ce plat
ou non, tout comme il peut complimenter ou non
sa cuisine à elle, mais ce qui est sexiste, c'est qu'elle
le félicite pour avoir entrepris de cuisiner, car de
telles louanges sous-entendent que cuisiner est une
activité intrinsèquement féminine.

Tu te souviens de cette mécanicienne à Lagos, que le portrait du journal présentait comme une «dame mécanicienne»? Apprends à Chizalum qu'une femme est une mécanicienne, pas une «dame mécanicienne».

Fais-lui remarquer à quel point c'est grave de voir un homme qui a embouti ta voiture dans la circulation de Lagos sortir de son véhicule et te dire d'aller chercher ton mari parce qu'il lui est impossible de «traiter avec une femme».

Au lieu de te contenter de le lui dire, montre-lui à l'aide d'exemples que la misogynie peut être explicite ou qu'elle peut être subtile, et que dans les deux cas elle est odieuse.

Apprends-lui à remettre en cause ces hommes qui ne peuvent avoir de l'empathie pour les femmes qu'à condition de se les représenter comme des proches, au lieu de les considérer comme des individus, des êtres humains égaux. Ces hommes qui, quand on parle du viol, diront toujours quelque chose du genre : « Si ç'avait été ma fille, ma femme ou ma sœur. » Pourtant, ces hommes n'ont pas besoin de se représenter une victime de crime de sexe masculin comme un frère ou un fils pour ressentir de l'empathie. Apprends-lui aussi à remettre en cause l'idée que la femme serait une espèce à part. J'ai un jour entendu un politicien américain, désireux de démontrer son soutien aux femmes, évoquer la façon dont il fallait les « vénérer » et « défendre leur cause »… Un sentiment bien trop répandu.

Dis à Chizalum qu'en réalité les femmes n'ont pas besoin qu'on « défende leur cause » ou qu'on les « vénère » : elles ont juste besoin qu'on les traite en êtres humains égaux. Il y a quelque chose de paternaliste dans l'idée que les femmes ont besoin d'être « défendues et vénérées » parce que ce sont des femmes. Cela me fait penser à la galanterie, et le postulat de la galanterie, c'est la faiblesse féminine.

℘

SEPTIÈME SUGGESTION

Ne présente jamais le mariage comme un accomplissement. Arrange-toi pour lui montrer que le mariage n'est ni un accomplissement, ni ce à quoi elle devrait aspirer. Un mariage peut être heureux ou malheureux, mais ce n'est pas un accomplissement.

Nous conditionnons les filles afin qu'elles aspirent au mariage, mais pas les garçons, ce qui entraîne dès le départ un grave déséquilibre. Les filles deviendront des femmes qui seront obnubilées par le mariage. Les garçons deviendront des hommes qui ne seront pas obnubilés par le mariage. Les femmes épouseront ces hommes. La relation est automatiquement inégale, parce que l'institution compte plus aux yeux de l'une que de l'autre. Est-ce donc surprenant que dans tant de mariages les femmes sacrifient davantage et qu'elles y perdent tellement, parce qu'elles doivent constamment entretenir un échange inégal? L'une des conséquences de ce déséquilibre, c'est ce spectacle si lamentable et si banal de deux femmes se disputant publiquement un homme, tandis que ce dernier garde le silence.

Quand Hillary Clinton était candidate à la présidence des États-Unis, le premier terme utilisé pour la décrire sur son compte Twitter était « Épouse ». Le premier terme utilisé sur le compte Twitter de Bill Clinton, son mari, est « Fondateur », et non « Mari ». (À cause de cela, j'ai une affection irraisonnée pour les très rares hommes qui se décrivent en premier en tant que « mari ».) Curieusement, personne ne trouve bizarre qu'elle puisse ainsi se définir comme une épouse, alors que lui ne se définit pas comme un mari. Cela nous paraît normal car c'est tellement courant. Dans notre monde, le rôle des femmes en tant qu'épouses et mères importe toujours bien plus que tout le reste.

Après avoir épousé Bill Clinton en 1975, Hillary Clinton a gardé son nom, Hillary Rodham. Elle a fini par ajouter « Clinton » et, au bout d'un moment, elle a abandonné « Rodham » en raison de pressions politiques (parce que son mari risquait de perdre des électeurs, outrés de voir que sa femme avait conservé son nom).

Lire cette histoire m'a non seulement fait réfléchir à la façon dont les électeurs américains semblent avoir des attentes rétrogrades envers les femmes, concernant le mariage, mais aussi à ma propre expérience avec mon nom.

Tu te souviens qu'un journaliste a décidé un jour de son propre chef de me donner un nouveau nom — Mme Nom du mari — en apprenant que j'étais mariée, et que je lui ai demandé d'arrêter parce que ce n'était pas mon nom. Je me souviendrai toujours de la sourde hostilité manifestée par certaines femmes en réaction à cela. Fait intéressant, c'était d'ailleurs les femmes les plus hostiles, de façon générale, et beaucoup d'entre elles ont persisté à m'appeler par ce qui n'était pas mon nom, comme pour réduire ma voix au silence.

J'ai réfléchi à cela, et j'ai pensé que, peut-être, pour beaucoup d'entre elles, mon choix était une façon de remettre en cause ce qu'elles considèrent comme la norme.

Même certains de mes amis ont fait des commentaires comme : «Tu as réussi, et donc ce n'est pas un problème que tu gardes ton nom.» Ce qui m'a conduite à me demander : pourquoi faut-il qu'une femme réussisse professionnellement pour justifier de conserver son nom?

La vérité, c'est que je n'ai pas gardé mon nom parce que j'ai réussi. Si je n'avais pas eu cette chance d'être publiée et lue par beaucoup de gens, j'aurais quand même gardé mon nom. J'ai gardé mon nom parce que c'est mon nom. J'ai gardé mon nom parce que j'aime mon nom.

Il y aura des gens pour dire : «Pourtant, ton nom est aussi symbole de patriarcat, puisque c'est celui de ton père.» En effet. Mais tout ce que je dis, c'est ceci : qu'il me vienne de mon père ou de la Lune, c'est le nom que je porte depuis que je suis née, le nom avec lequel j'ai traversé les grandes étapes de ma vie, le nom auquel je réponds depuis mon tout premier jour de maternelle, par une matinée brumeuse, quand ma maîtresse a dit : « Répondez "présent" si vous entendez votre nom. Numéro un : Adichie ! » Mais surtout, toute femme devrait avoir le droit de garder son nom : dans la réalité cependant, il y a une énorme pression sociale qui pousse à la conformité. Bien sûr, il y a des femmes qui souhaitent prendre le nom de leur mari, mais il y en a aussi qui n'ont pas envie de se conformer à cette norme, mais à qui cela coûterait juste trop d'énergie (mentale, émotionnelle, et même physique) de s'y soustraire. Combien d'hommes, selon toi, seraient prêts à changer de nom en se mariant ?

Je n'aime pas beaucoup le titre de « Mme » parce que la société nigériane lui accorde trop de valeur. J'ai trop souvent vu des hommes et des femmes évoquer avec fierté ce titre de Mme, comme si celles qui n'étaient pas des Mmes avaient d'une certaine façon échoué quelque part. On peut choisir d'être Mme, mais charger ce titre d'une telle importance,

comme le fait notre culture, me semble problématique. La valeur que nous accordons au titre
de Mme implique que le mariage change le statut
social de la femme, mais pas celui de l'homme.
(Peut-être est-ce pour cette raison que tant de
femmes se plaignent que les hommes mariés conti-
nuent à « se comporter » comme s'ils étaient céliba-
taires ? Si notre société exigeait des hommes mariés
qu'ils changent de nom et prennent un nouveau
titre, différent de M., leur comportement change-
rait peut-être également ? Tiens donc !) Mais plus
sérieusement, quand toi, à vingt-huit ans et un
master en poche, tu passes en une nuit d'Ijeawele Eze
à Mme Ijeawele Udegbunam, cela exige sûrement
de ta part non seulement une certaine énergie
mentale pour renouveler passeport et permis, mais
aussi un changement d'ordre psychique, une sorte
de nouvelle naissance. Cette « nouvelle naissance »
n'aurait pas tant d'importance si les hommes aussi
devaient en passer par là.

Je préférerais qu'on se mette à utiliser Mme de la
même façon que M. Un homme est M., qu'il soit

marié ou non, une femme sera Mme, qu'elle soit mariée ou non. Apprends donc à Chizalum que dans une société véritablement juste, on ne devrait pas attendre des femmes qui se marient des changements qu'on n'attend pas des hommes. Voici une solution maligne : tout couple qui se marie devrait prendre un nom entièrement nouveau, choisi comme ils le souhaitent tant que les deux sont d'accord, de sorte qu'au lendemain du mariage le mari et la femme puissent se rendre gaiement main dans la main auprès des services municipaux afin de changer leurs passeports, permis de conduire, signatures, initiales, comptes bancaires, etc.

∾

HUITIÈME SUGGESTION

Apprends-lui à ne pas se soucier de plaire. Elle n'a pas à se rendre aimable mais à être pleinement elle-même, une personne sincère et consciente que les autres sont humains autant qu'elle. Souviens-toi, je t'ai raconté à quel point cela me contrariait que notre amie Chioma me dise régulièrement que telle ou telle chose que j'avais l'intention de dire ou de faire n'allait pas « plaire » aux « gens ». J'ai toujours ressenti de sa part une pression silencieuse pour me changer, afin de correspondre à un certain moule qui serait au goût d'une vague entité nommée « les gens ». Cela me contrariait parce que nous voudrions que nos proches nous encouragent à être vraiment nous-mêmes, sans tricher.

Ne fais jamais peser, je t'en prie, ce genre de pression sur ta fille. Nous apprenons aux filles à être aimables, gentilles, hypocrites. Et nous n'apprenons pas la même chose aux garçons. C'est dangereux. Tant de prédateurs sexuels en ont tiré parti. Nombre de filles gardent le silence alors qu'on abuse d'elles parce qu'elles veulent se montrer gentilles. Nombre de filles perdent leur temps à essayer d'être « gentilles » avec des gens qui leur font du mal. Nombre de filles pensent aux « sentiments » de ceux qui sont en train de les blesser. C'est là la conséquence catastrophique du souci de plaire. Nous vivons dans un monde rempli de femmes incapables de respirer librement parce qu'on les a conditionnées depuis si longtemps à se contorsionner pour s'efforcer de se rendre aimables.

Au lieu d'apprendre à Chizalum à plaire, apprends-lui à être sincère. Et bienveillante. Et courageuse. Encourage-la à exprimer ses opinions, à dire vraiment ce qu'elle pense, à parler vrai. Et félicite-la quand elle le fait. Félicite-la en particulier quand elle défend une position difficile ou impopulaire, parce que c'est ce qu'elle pense vraiment. Dis-lui que la bienveillance compte. Félicite-la quand elle en témoigne aux autres. Mais apprends-lui que la bienveillance ne devrait jamais être considérée comme allant de soi. Dis-lui qu'elle aussi mérite la bienveillance des autres. Apprends-lui à revendiquer ce qui lui appartient. Si un autre enfant lui prend son jouet sans sa permission, demande-lui de le reprendre, parce que son consentement importe. Dis-lui que si quoi que ce soit la met mal à l'aise, elle doit s'exprimer, le dire, le crier.

Montre-lui qu'elle n'a pas besoin de plaire à qui que ce soit. Dis-lui que si quelqu'un ne l'apprécie pas, quelqu'un d'autre le fera. Dis-lui qu'elle n'est pas seulement un objet qu'on aime ou qu'on n'aime pas, elle est également un sujet qui peut aimer ou ne pas aimer. À l'adolescence, si elle rentre en pleurant parce que des garçons ne l'aiment pas, montre-lui qu'elle peut choisir de ne pas aimer ces garçons — c'est difficile, je le sais bien : je me souviens du béguin que j'avais pour Nmadi au collège.

Et pourtant j'aurais bien voulu que quelqu'un me dise ça.

&

NEUVIÈME SUGGESTION

Offre à Chizalum un sentiment d'identité. C'est important. Fais-le consciemment. Permets-lui de grandir en se considérant, entre autres, comme une femme igbo, et d'en être fière. Et tu devras faire preuve de sélectivité : apprends-lui à adopter les plus beaux aspects de la culture igbo, et à rejeter ceux qui ne le sont pas. Tu peux lui dire par exemple, dans différents contextes et de différentes manières : « La culture igbo est merveilleuse parce qu'elle valorise la communauté, le consensus et le travail, et que sa langue et ses proverbes sont beaux et pleins de sagesse. Mais la culture igbo affirme aussi que les femmes ne peuvent pas faire certaines choses simplement parce qu'elles sont des femmes, et ce n'est pas bien. La culture igbo est aussi un peu trop matérialiste, et bien que l'argent soit impor-tant — car il est synonyme d'autonomie —, tu ne dois pas juger de la valeur des gens selon qu'ils ont ou non de l'argent. »

Entreprends tout aussi consciemment de lui montrer l'inaliénable beauté et la résilience des Africains et des Noirs. Pourquoi ? À cause des dynamiques de pouvoir à l'œuvre dans le monde, elle grandira en voyant des images de la beauté des Blancs, des talents des Blancs et de la réussite des Blancs, et ce quel que soit le pays où elle se trouve. Cela viendra des émissions télé qu'elle regarde, de la culture populaire qu'elle consomme, des livres qu'elle lit.

Elle grandira sans doute aussi en voyant des images négatives des Noirs et des Africains.

Apprends-lui à se sentir fière de l'histoire des Africains et de la diaspora noire. Trouve dans l'histoire des héros noirs, hommes et femmes. Ils existent. Tu devras peut-être aller à l'encontre de ce qu'elle apprendra à l'école. On ne peut pas franchement dire en effet que l'idée d'enseigner aux enfants à être fiers de leur histoire soit très présente dans le cursus nigérian. Ses professeurs s'y entendront donc très bien pour lui apprendre les mathématiques, les sciences, les arts et la musique, mais ce sera à toi de lui enseigner la fierté.

Explique-lui les privilèges et les inégalités, et l'importance de reconnaître sa dignité à toute personne qui n'est pas mal intentionnée à son égard ; apprends-lui que les domestiques sont des êtres humains comme elle, apprends-lui à toujours saluer le chauffeur. Associe ces exigences à son identité ; par exemple, dis-lui : « Dans notre famille, les enfants saluent les personnes plus âgées, quelle que soit leur fonction. »

Donne-lui un surnom igbo. Quand j'étais petite, ma tante Gladys m'appelait Ada Obodo Dike. J'ai toujours adoré ça. Apparemment, mon village d'Ezi-Abba est connu comme la Terre des Guerriers, et être appelée la fille de la Terre des Guerriers était délicieusement grisant.

~

DIXIÈME SUGGESTION

Pèse soigneusement ta façon d'aborder son apparence physique.

Encourage-la à faire du sport. Apprends-lui à être physiquement active. Emmène-la marcher. Nager. Courir. Jouer au tennis. Au football. Au tennis de table. Toutes sortes de sports. N'importe quel sport. Je pense que c'est important, non seulement parce que évidemment c'est bon pour la santé, mais aussi parce que cela peut aider à gérer tous ces complexes liés à l'image du corps que la société projette sur les filles. Montre à Chizalum les formidables avantages qu'apporte une activité physique. Les études indiquent que les filles arrêtent généralement de faire du sport à l'arrivée de la puberté. Rien de surprenant à cela. Les seins et les complexes peuvent freiner la pratique du sport : j'ai cessé de jouer au football quand mes seins ont poussé, parce que tout ce que je voulais, c'était dissimuler leur existence, et que courir et tacler mes camarades n'y aidait guère. Ne laisse pas cela la bloquer, s'il te plaît.

Si elle aime le maquillage, laisse-la en porter. Si elle aime la mode, laisse-la choisir ses tenues avec soin. Mais si elle n'aime rien de tout ça, laisse-la faire comme elle veut. Ne pense pas que lui donner une éducation féministe implique de la contraindre à refuser la féminité. Le féminisme et la féminité ne sont pas incompatibles. Prétendre le contraire, c'est misogyne. Malheureusement, les femmes ont appris à avoir honte et à s'excuser de s'intéresser à des choses considérées comme traditionnellement féminines, comme la mode ou le maquillage. Notre société n'attend pourtant pas d'excuses de la part des hommes qui ont des centres d'intérêt considérés comme typiquement masculins — les voitures de sport ou certains sports professionnels. De la même façon, un homme qui soigne son apparence n'est jamais suspect de la même manière qu'une femme qui soigne son apparence : un homme bien habillé n'a pas à redouter que, parce qu'il est bien habillé, on puisse en tirer des conclusions sur son intelligence, ses compétences ou son sérieux. Une femme, en revanche, aura toujours conscience qu'un rouge à lèvres de couleur vive ou une tenue raffinée peuvent très bien conduire les autres à penser qu'elle est frivole.

Ne fais jamais de lien entre l'apparence physique de Chizalum et la morale. Ne lui dis jamais qu'une jupe courte est «immorale». Fais de ses choix vestimentaires une question de goût et de charme, plutôt qu'une question de morale. Si vous vous disputez au sujet de ce qu'elle souhaite porter, ne lui dis jamais des choses comme : «Tu as l'air d'une prostituée», ainsi que, je le sais, te l'a dit un jour ta mère. Dis-lui plutôt : « Cette robe ne te va pas aussi bien que celle-ci. » Ou ne tombe pas aussi bien. Ou n'est pas aussi jolie. Ou est tout simplement moche. Mais jamais qu'elle est « immorale ». Parce que les vêtements n'ont strictement rien à voir avec la morale.

Essaie de ne pas associer ses cheveux à la souffrance. Je repense à mon enfance et aux larmes que je versais souvent tandis qu'on tressait ma longue et épaisse chevelure. Je repense au paquet de Smarties au chocolat qu'on plaçait devant moi, en guise de récompense, si je me tenais tranquille pendant qu'on me coiffait. Et tout ça pour quoi ? Imagine, si nous n'avions pas passé tant de samedis de notre enfance et de notre adolescence à nous coiffer. Tout ce que nous aurions pu apprendre. Tout ce que nous aurions pu devenir. Ils faisaient quoi, les garçons, le samedi ?

En ce qui concerne sa coiffure, je suggère donc que tu redéfinisses ce qu'on entend par « soignée ». Une des raisons pour lesquelles les cheveux sont synonymes de souffrance pour tant de petites filles, c'est que les adultes sont déterminés à se conformer à une version de «soignée» qui se traduit par trop-serré, détruit-le-cuir-chevelu et file-la-migraine.

Il faut en finir avec ça. J'ai vu des filles au Nigeria subir un harcèlement terrible à l'école parce que leur coiffure n'était pas «soignée», simplement parce que les cheveux que Dieu leur avait donnés s'étaient mis à rebiquer en splendides petites boules compactes sur leurs tempes. Laisse les cheveux de Chizalum libres : fais-lui des nattes épaisses ou de grosses tresses collées, et n'utilise pas ces peignes à dents serrées, qui n'ont pas été pensés pour notre texture de cheveux.

Et fais de ceci ta définition de «soignée». Rends-toi à son école et va parler à l'administration si nécessaire. Il suffit d'une personne pour faire changer les choses.

Chizalum remarquera très tôt (car les enfants sentent les choses) quel genre de beauté la société dominante valorise le plus. Elle le verra dans les magazines, les films et à la télévision. Elle verra qu'être blanc est valorisé. Elle remarquera qu'on préfère les cheveux à la texture lisse ou souple, ceux qui retombent plutôt que ceux qui se dressent sur la tête. Elle sera confrontée à cela, que ça te plaise ou non. Assure-toi d'avoir d'autres modèles à lui proposer. Montre-lui que les femmes blanches et minces sont belles, et que les femmes qui ne sont ni blanches ni minces sont belles. Montre-lui que beaucoup de gens et beaucoup de cultures ne jugent pas attirante cette définition étroite de la beauté qui constitue la vision dominante. C'est toi qui connaîtras le mieux ton enfant, et donc c'est toi qui sauras le mieux comment affirmer le type de beauté qui lui est propre, comment la protéger pour qu'elle ne ressente pas d'insatisfaction face à son propre reflet.

Entoure-la d'un village de tantines, des femmes avec des qualités que tu voudrais qu'elle admire. Évoque toute l'admiration que tu as pour elles. Les enfants imitent et apprennent par l'exemple. Parle de ce que tu trouves admirable chez ces femmes. Moi, par exemple, j'admire tout particulièrement la féministe afro-américaine Florynce Kennedy. Parmi les femmes africaines dont je lui parlerais figurent Ama Ata Aidoo, Dora Akunyili, Muthoni Likimani, Ngozi Okonjo-Iweala, Taiwo Ajai-Lycett. Il y a tant de femmes africaines qui sont des sources d'inspiration féministe. Pour ce qu'elles ont fait, et pour ce qu'elles ont refusé de faire. Comme ta grand-mère, d'ailleurs, cette nana remarquable, forte et à la langue bien pendue.

Entoure également Chizalum d'un village d'oncles. Ce sera plus difficile, à en juger par le genre d'amis qu'a Chudi. Je ne me suis toujours pas remise de ce m'as-tu-vu à la barbe excessivement taillée qui n'arrêtait pas d'aboyer à la dernière fête d'anniversaire de Chudi : « Une femme que j'épouse n'a pas à me dire ce que je dois faire !! »
Essaie donc, je t'en prie, de trouver des hommes bien qui ne fanfaronnent pas de la sorte. Des hommes comme ton frère Ugomba, des hommes comme notre ami Chinakueze. Parce que la vérité, c'est

qu'elle sera confrontée à quantité d'esbroufe masculine tout au long de sa vie. Il est donc bon de lui proposer très tôt d'autres modèles.

La puissance des modèles alternatifs ne pourra jamais être exagérée. Parce qu'elle en aura côtoyé régulièrement, et que cela l'aura rendue plus forte, elle sera en mesure de s'opposer à l'idée selon laquelle les « rôles de genre » seraient figés. Si elle connaît un oncle qui cuisine bien (et n'en fait pas toute une affaire), alors elle pourra sourire et balayer d'un revers de main la bêtise de tous ceux qui prétendent que « les femmes doivent faire la cuisine ».

༚

ONZIÈME SUGGESTION

Apprends-lui à questionner la façon dont notre culture utilise la biologie de manière sélective, comme « argument » pour justifier des normes sociales.

Je connais une femme yoruba, mariée à un homme igbo, qui attendait son premier enfant et cherchait des prénoms pour le bébé. Elle n'avait que des prénoms igbo.

Son enfant ne devrait-il pas avoir un prénom yoruba, puisqu'il porterait le nom de famille igbo de son père ? lui ai-je demandé, et elle m'a répondu : « Un enfant appartient d'abord à son père. C'est comme ça que ça se passe. »

Nous avons souvent recours à la biologie pour expliquer les privilèges dont jouissent les hommes, la raison la plus couramment invoquée étant leur supériorité physique. Mais si nos normes sociales se fondaient réellement sur la biologie, alors nous identifierions les enfants aux mères plutôt qu'aux pères, parce que quand un enfant naît, le parent dont nous sommes biologiquement (et incontestablement) certains, c'est la mère. Nous partons du principe que le père est celui que la mère déclare être le père. Combien de lignées dans le monde n'ont rien de biologique, je me le demande.

Pour beaucoup de femmes igbo, le conditionnement est si total qu'elles ne considèrent les enfants *que* comme ceux du père. Je connais des femmes qui ont quitté un mauvais mariage, mais n'ont pas eu la « permission » d'emmener leurs enfants ou même de les voir, parce que les enfants appartiennent à l'homme.

Nous faisons également appel à la biologie de l'évolution pour expliquer les mœurs sexuelles légères des hommes, mais pas celles des femmes, alors même qu'en termes d'évolution il serait logique que les femmes aient beaucoup de partenaires sexuels : plus on élargit le patrimoine génétique, plus on aura de chances de porter une descendance prospère.

Apprends donc à Chizalum que la biologie est un sujet intéressant et fascinant, mais qu'elle ne doit jamais accepter qu'on s'en serve pour justifier une norme sociale, quelle qu'elle soit. Parce que les normes sociales sont créées par les êtres humains, et qu'il n'y a pas de norme sociale qu'on ne puisse changer.

cs

DOUZIÈME SUGGESTION

Parle-lui de sexe, et commence tôt. Ce sera sûrement un peu gênant, mais il le faut.

Rappelle-toi ce séminaire que nous avons suivi en terminale et qui était censé nous enseigner la «sexualité», mais où, au lieu de cela, nous avons écouté de vagues menaces sur la façon dont nous finirions enceintes et déshonorées si jamais nous «parlions aux garçons». Je me souviens de cette salle et de ce séminaire comme d'un endroit empli de honte. Une vilaine honte. Ce type particulier de honte associé au fait d'être une femme. Je souhaite à ta fille de ne jamais y être confrontée.

Avec elle, ne va pas prétendre que le sexe ne peut être qu'un acte reproductif maîtrisé. Ou un acte uniquement autorisé «au sein du mariage», parce que ce serait de la mauvaise foi. (Toi et Chudi aviez des relations sexuelles bien avant d'être mariés, et elle l'aura sûrement compris avant ses douze ans.) Dis-lui que le sexe peut être une chose magnifique, qui entraîne bien sûr des conséquences physiques (pour elle, en tant que femme), mais aussi des conséquences émotionnelles. Dis-lui que son corps lui appartient, à elle seule, et qu'elle ne devrait jamais se sentir obligée de dire oui à quelque chose qu'elle ne veut pas, ou qu'elle se sent contrainte de faire. Apprends-lui que savoir dire non quand elle le sent est un motif de fierté.

Dis-lui que tu penses qu'il vaut mieux qu'elle attende d'être adulte pour avoir des rapports sexuels. Mais prépare-toi à ce qu'elle n'attende pas forcément jusqu'à ses dix-huit ans. Et si elle n'attend pas, veille à ce qu'elle puisse t'en parler.

Il ne suffit pas en effet d'affirmer que tu veux l'éduquer de sorte qu'elle puisse tout te dire, il faut aussi lui donner les mots pour te parler. Littéralement, je veux dire. Comment devrait-elle appeler ça? Quel mot devrait-elle employer?

Je me souviens que les gens utilisaient le mot «ike» quand j'étais enfant pour désigner à la fois l'anus et le vagin: «anus» était le sens le plus évident mais cela laissait tout le reste dans le vague, et je ne savais jamais vraiment comment dire, par exemple, que mon vagin me démangeait.

La plupart des spécialistes du développement des jeunes enfants affirment qu'il est préférable pour eux d'appeler les organes sexuels par leur nom scientifique correct: vagin et pénis. Je suis d'accord, mais la décision t'appartient. C'est à toi de choisir le nom que tu veux qu'elle emploie, mais ce qui compte c'est qu'il en faut un, et surtout que ce nom ne doit pas être chargé de honte.

Pour être certaine de ne pas lui transmettre cette honte, tu vas devoir te libérer de ton propre héritage dans ce domaine. Et je sais à quel point c'est difficile. Dans toutes les cultures du monde, la sexualité féminine est associée à la honte. Même celles qui attendent des femmes qu'elles soient sexy

— comme c'est le cas de la plupart des cultures occidentales — ne veulent tout de même pas qu'elles soient sexuelles.

La honte que nous associons à la sexualité féminine est liée au contrôle. De nombreuses cultures et religions exercent une forme ou une autre de contrôle sur le corps des femmes. Si ce contrôle de leurs corps se justifiait par rapport aux femmes elles-mêmes, alors ce serait compréhensible. Par exemple, avec une explication de ce genre : « les femmes ne doivent pas porter de jupe courte car elles risqueraient d'avoir un cancer ». Au lieu de cela, les raisons invoquées n'ont jamais à voir avec les femmes, elles concernent les hommes. Les femmes doivent « se couvrir » pour protéger les hommes. Je trouve cela profondément déshumanisant, parce que les femmes en sont réduites à de simples accessoires servant à gérer l'appétit sexuel des hommes.

Pour en revenir à la honte, n'associe jamais sexualité et honte. Ou nudité et honte. Ne fais jamais de la « virginité » une question centrale. Quand on parle de virginité, on finit toujours par parler de honte. Apprends-lui à rejeter le lien entre honte et biologie féminine. Pourquoi nous a-t-on habituées à baisser la voix pour parler des règles ? À nous sentir si honteuses quand il arrivait que du sang menstruel tache notre jupe ? Il n'y a aucune raison d'avoir honte des règles. Les règles sont normales et naturelles, et si elles n'existaient pas, l'espèce humaine n'existerait pas non plus. Je me souviens d'un homme qui m'a dit un jour que les règles ressemblaient à de la merde. De la merde sacrée alors, lui ai-je répondu, parce que sans les règles tu ne serais pas là.

એ

TREIZIÈME SUGGESTION

L'amour finira par arriver, alors arrange-toi pour être là.

J'écris ceci en présumant qu'elle sera hétéro-sexuelle… Bien sûr, cela peut ne pas être le cas. Je le présume simplement parce que c'est la situation que je me sens la plus qualifiée à aborder.

Assure-toi d'être au courant de ses idylles. Et la seule manière d'y parvenir, c'est de commencer très tôt à lui donner les mots dont elle aura besoin pour te parler de sexe, mais aussi d'amour. Cela ne signifie pas que tu devrais être son «amie», cela signifie que tu dois être sa mère à qui elle peut parler de tout.

Apprends-lui qu'aimer ce n'est pas seulement donner, c'est aussi recevoir. Ce point est important car nous transmettons des injonctions subtiles aux filles : nous leur enseignons qu'une part importante de leur capacité à aimer réside dans leur faculté d'abnégation. Nous n'enseignons pas cela aux garçons. Apprends-lui que pour aimer, elle devra donner d'elle-même, sur le plan émotionnel, mais qu'elle devra aussi attendre qu'on se donne à elle.

L'amour est pour moi l'une des choses les plus importantes de la vie. Peu importe sa nature ou la façon dont on le définit : de manière générale, je vois cela comme le fait de compter énormément aux yeux d'un autre être humain, et que cet autre être humain compte énormément pour vous. Mais pourquoi n'éduquons-nous que la moitié du monde à accorder de la valeur à cela? Récemment, je me trouvais dans une pièce remplie de jeunes femmes, et j'ai été frappée par la place qu'occupaient les hommes dans les conversations — tout ce que les hommes leur avaient fait de mal, tel homme qui avait trompé sa femme, tel homme qui avait menti, tel homme qui avait promis le mariage avant de disparaître, tel mari qui avait fait ceci ou cela.

Et j'ai réalisé que, malheureusement, l'inverse n'est pas vrai. Des hommes réunis dans une pièce ne finissent pas systématiquement par parler des femmes (et s'ils le font, il y a des chances que ce soit sur un ton léger plutôt que sous forme de lamentations existentielles). Pourquoi?

Cela remonte, je crois, à un conditionnement très précoce. Récemment, à l'occasion du baptême d'un bébé, les personnes présentes étaient invitées à inscrire des vœux pour la petite fille. Un invité a écrit : «Je te souhaite un bon mari.» Bien intentionné, mais très dérangeant. Une fillette de trois mois qui se voit déjà signifier qu'un mari est une chose à laquelle aspirer… Si le bébé avait été un garçon, il ne serait pas venu à l'idée de cet invité de lui souhaiter « une bonne épouse ».

Et au sujet de ces femmes qui se lamentent sur les hommes qui « promettent » le mariage puis disparaissent, n'est-ce pas étrange que, dans la plupart des sociétés du monde aujourd'hui, les femmes en règle générale ne puissent pas proposer le mariage ? Il s'agit d'une étape tellement importante de notre vie, et pourtant nous ne pouvons pas prendre les choses en main nous-mêmes, tout dépend de la demande d'un homme. Tant de femmes sont engagées dans une relation de longue durée et souhaitent se marier, mais doivent attendre que l'homme le leur propose — et souvent cette attente devient l'occasion de se mettre en scène, inconsciemment ou non, pour démontrer que l'on mérite d'être épousée. Si nous appliquons ici le premier de nos outils féministes, alors ce n'est pas logique qu'une femme qui compte autant doive attendre que quelqu'un d'autre prenne l'initiative de ce qui sera pour elle un changement de vie majeur.

Un adepte du féminisme *light* m'a dit un jour que pour lui, le fait que notre société compte sur les hommes pour faire leur demande prouve que les femmes ont le pouvoir, puisqu'un mariage ne peut être conclu que si une femme dit oui. Mais la vérité est la suivante : le vrai pouvoir appartient à la personne qui demande. Avant de pouvoir dire oui ou non, il faut d'abord qu'on vous pose la question. Je souhaite sincèrement à Chizalum un monde dans lequel les deux membres du couple pourront proposer le mariage, où les relations seront devenues si confortables, si épanouissantes, que la question de se lancer ou non dans le mariage deviendra l'objet d'un dialogue, lui-même empreint de bonheur.

À ce stade, je souhaite ajouter quelque chose à propos de l'argent. Apprends-lui à ne jamais dire une chose aussi absurde que «mon argent est à moi, et son argent est à nous». C'est abject. Et dangereux : adopter une telle attitude implique de devoir aussi potentiellement accepter d'autres idées nocives. Apprends-lui que ce n'est PAS le rôle d'un homme de subvenir à ses besoins. Dans une relation saine, subvenir aux besoins du foyer est le rôle de la personne qui a les moyens de le faire, et peu importe de qui il s'agit.

☙

QUATORZIÈME SUGGESTION

Quand tu lui apprendras ce qu'est l'oppression, fais attention à ne pas faire des opprimés des saints. Nul besoin d'être un saint pour avoir sa dignité. Les gens méchants et malhonnêtes sont toujours des humains, et méritent quand même d'être traités dignement. Pour les femmes du Nigeria rural, par exemple, la question de la propriété de la terre est un enjeu féministe crucial, et les femmes n'ont pas à faire preuve d'une bonté angélique pour mériter leurs droits de propriété.

Parfois, quand on parle de genre, apparaît un présupposé selon lequel les femmes seraient moralement « meilleures » que les hommes. Ce n'est pas le cas. Les femmes sont humaines, tout autant que les hommes. La bonté féminine est tout aussi normale que la méchanceté féminine.

Et il y a dans le monde beaucoup de femmes qui n'aiment pas les autres femmes. La misogynie féminine existe, et refuser de reconnaître son existence revient à faciliter inutilement les choses aux antiféministes, ceux qui tentent de discréditer le féminisme. Je parle du genre d'antiféministes tout contents de brandir des exemples de femmes affirmant : « Je ne suis pas féministe », comme si le fait qu'une personne née avec un vagin déclare une telle chose discréditait automatiquement le féminisme. Qu'une femme revendique de ne pas être féministe n'enlève rien à la nécessité du féminisme. Au contraire, cela nous montre l'étendue du problème, l'ampleur de l'emprise du patriarcat. Cela démontre aussi que toutes les femmes ne sont pas féministes, et que tous les hommes ne sont pas misogynes.

e⁄o

QUINZIÈME SUGGESTION

Éduque-la à la différence. Fais de la différence une chose ordinaire. Fais de la différence une chose normale. Apprends-lui à ne pas attacher d'importance à la différence. Et il ne s'agit pas là de se montrer juste ou même gentille, mais simplement d'être humaine et pragmatique. Parce que la réalité de notre monde, c'est la différence. Et en l'éduquant à la différence, tu lui donnes les moyens de survivre dans un monde de diversité.

Elle doit savoir et comprendre que dans le monde les gens suivent des chemins différents, et que tant que ces chemins ne nuisent pas aux autres, ce sont des chemins valables qu'elle doit respecter. Apprends-lui que nous ne savons pas tout (et que nous ne pouvons pas tout savoir) de la vie. La religion comme la science réservent une place pour les choses que nous ne savons pas, et il suffit de vivre en paix avec cette idée.

Apprends-lui à ne jamais généraliser ses propres principes ou expériences. Apprends-lui que ses principes ne s'appliquent qu'à elle seule, et pas aux autres. C'est la seule forme d'humilité qui soit nécessaire : prendre conscience que la différence est normale.

Dis-lui qu'il y a des gens qui sont gays, et d'autres pas. Ce petit enfant a deux papas ou deux mamans parce que c'est comme ça pour certaines personnes, et c'est tout. Dis-lui que certaines personnes vont à la mosquée et certaines à l'église et certaines dans d'autres lieux de culte, et que d'autres encore ne pratiquent aucun culte, parce que pour certaines personnes ça se passe comme ça, et c'est tout.

Tu lui diras : Toi tu aimes l'huile de palme, mais il y a des gens qui n'aiment pas l'huile de palme.
Elle te demandera : Pourquoi ?
Tu lui répondras : Je ne sais pas, le monde est comme ça, tout simplement.

Je précise que je ne suis pas en train de te suggérer de l'éduquer à «ne pas porter de jugement», une expression couramment usitée actuellement, et qui m'inquiète un peu. Le sentiment général derrière cette idée est tout à fait respectable, mais «ne pas porter de jugement» peut rapidement se résumer à «n'avoir d'opinion sur rien» ou «garder ses opinions pour soi». C'est pourquoi voici ce que je souhaite plutôt à Chizalum : qu'elle ait quantité d'opinions, et qu'elle les construise avec un esprit éclairé, humain et ouvert.

Qu'elle soit en bonne santé, et heureuse. Qu'elle ait la vie qu'elle désire, quoi que cela puisse signifier.

As-tu la migraine après avoir lu tout ça ? Désolée. La prochaine fois, ne me demande pas comment donner une éducation féministe à ta fille.

Avec toute mon affection, oyi gi,
Chimamanda

Composition : Dominique Guillaumin, Paris.
Achevé d'imprimer
par Normandie Roto Impression s.a.s.
61250 Lonrai, en novembre 2023
Dépôt légal : novembre 2023
1ᵉʳ dépôt légal : février 2017
Numéro d'imprimeur : 2304887
ISBN 978-2-07-272197-7 / Imprimé en France

628725